とりあえず
日本語能力試験対策
N3 文法

上田暢美　内田嘉美　桑島卓男　糠野永未子
吉田歌織　若林佐恵里　安達万里江

ココ出版

とりあえず… (「はじめに」の代わりに…)

　みなさん、こんにちは。はじめまして。「とりあえず」この本を開いたみなさん、とてもラッキーですよ。日本語能力試験合格に一歩近づいたと思います。

　なぜなら、この本は問題数が多いからです。私たちは長年の日本語教師の経験から、合格のためには多くの問題を解いて、知らない語彙や表現を知ることで合格へ近づけると考えています。そこで、実際の日本語能力試験の形式に基づいた問題数の多い問題集を作りました。

　合格をめざしてたくさんの問題にチャレンジできます。実際の試験のように時間を計って、問題を解いてみてください。間違えた問題はもう一度解いてください。覚えるまで何度も何度も解いてみてください。そうすれば、合格は目の前です。

　さあ、「とりあえず」ページを開いて、「とりあえず」解いて、「とりあえず」覚えてみてください。そして合格してください。応援しています。

著者一同

目次

とりあえず ……………………………………………………………………………………… ii

この本の使い方 ………………………………………………………………………………… iv

日本語能力試験（JLPT）の概要 …………………………………………………………… vi

第1回 ……………………………………………………………………………………………… 1

第2回 ……………………………………………………………………………………………… 9

第3回 ……………………………………………………………………………………………… 17

第4回 ……………………………………………………………………………………………… 25

第5回 ……………………………………………………………………………………………… 32

第6回 ……………………………………………………………………………………………… 41

第7回 ……………………………………………………………………………………………… 49

第8回 ……………………………………………………………………………………………… 57

第9回 ……………………………………………………………………………………………… 65

第10回 …………………………………………………………………………………………… 73

別冊：解答・解説

この本の使い方

　本書はアウトプットの練習として使うことを考えていますが、インプットの手段としても利用することができます。つまり、あなたの今の力を実戦形式で測ることと、新しい知識を得ることの両方ができるのです。

　以下に簡単な使い方を書いておきますので参考にしてください。

1．何度も解くことをお勧めします

　テスト勉強では、絶対量が大切です。特に、間違えた問題をそのままにしておくと、解いた意味がありません。何度もやり直して知識を定着させましょう。

＝＝＝

例)

4回解く

　　1回目：直接書き込まないでノートにやる。できなかったものには印をつけておく

　　2回目：直接書き込まないでノートにやる。印のあるものを解く。再びできなかった
　　　　　　ものには新たに印をつけておく

　　3回目：直接書き込まないでノートにやる。新しい印のあるものを解く

　　4回目：時間を計って全問解く。目安の時間よりも短い時間で解くようにする

＝＝＝

2．通しでやる必要はありません

　特に文字・語彙の問題などは、1問あたりにかかる時間は短いですね。すき間時間＝バスや地下鉄の中など＝にやってみる。机に向かって勉強するだけが唯一の方法ではありません。

3．わからなければ解答を見る

　最終的に、本試験当日にできればよいのです。そのために「考えてもわからない」問題は積極的に解答を見て、知識を得、身につけるようにしてください。

4．スピード優先

　1ページ目から時間をかけてすべてを理解しようとする必要はありません。どうせ何回も解くのですから、最初は全体の半分でも理解できればいいや、という具合に気楽に考えてください。2回目、3回目で頭に入れればいいのです。そのためにも、立ち止まらずにさっさと進めて行ってください。

達成表

	例	第1回	第2回	第3回	第4回	第5回	第6回	第7回	第8回	第9回	第10回
1回目	11										
2回目	17										
3回目	20										
4回目	23										

解き終わったら、23問中何問正解だったか書き込みましょう

日本語能力試験（JLPT）の概要

原則として日本語を母語としない人を対象に、日本語能力を測定し認定する、世界最大規模の日本語の試験です。1984 年に始まり、2010 年に新形式となりました。N5 からN1 までの 5 レベルに分かれています。

▶主催

国内：国際交流基金と日本国際教育支援協会の共催

海外：国際交流基金が各地機関の協力を得て実施

※台湾では公益財団法人日本台湾交流協会と共催

▶開催時期：7月と 12 月の年 2 回（開催場所によっては年 1 回）

▶開催場所：日本の 47 都道府県。海外の開催都市については公式サイトを参照

試験の詳細・最新情報については公式サイトをご覧ください。　https://www.jlpt.jp

N3 について

▶時間

言語知識（文字・語彙）…………………………30 分

言語知識（文法・読解）…………………………70 分

聴解 …………………………………………………40 分

▶得点

総合得点	得点区分別得点		
	言語知識 （文字・語彙・文法）	読解	聴解
得点の範囲	合格点	得点の範囲	基準点	得点の範囲	基準点	得点の範囲	基準点
0 ～ 180 点	95 点	0 ～ 60 点	19 点	0 ～ 60 点	19 点	0 ～ 60 点	19 点

合格するためには、①総合得点が合格に必要な点（＝合格点）以上であること、② 各得点区分の得点が、区分ごとに設けられた合格に必要な点（＝基準点）以上であること、の二つが必要です。一つでも基準点に達していない得点区分がある場合は、総合得点

がどんなに高くても不合格になります。

得点は、「尺度得点」を導入しています。尺度得点は「等化」という方法を用いた、いつも同じ尺度（ものさし）で測れるような得点です。尺度得点を利用することで、試験を受けたときの日本語能力をより正確に、公平に、得点に表すことができます。

▶認定の目安

日常的な場面で使われる日本語をある程度理解することができる

読む

・日常的な話題について書かれた具体的な内容を表す文章を、読んで理解することができる。

・新聞の見出しなどから情報の概要をつかむことができる。

・日常的な場面で目にする難易度がやや高い文章は、言い換え表現が与えられれば、要旨を理解することができる。

聞く

・日常的な場面で、やや自然に近いスピードのまとまりのある会話を聞いて、話の具体的な内容を登場人物の関係などとあわせてほぼ理解できる。

▶ N2 文法の構成

大問		ねらい
1	文の文法1 （文法形式の判断）	文の内容に合った文法形式かどうかを判断することができるかを問う
2	文の文法2 （文の組み立て）	統語的に正しく、かつ、意味が通る文を組み立てることができるかを問う
3	文章の文法	文章の流れに合った文かどうかを判断することができるかを問う

vii

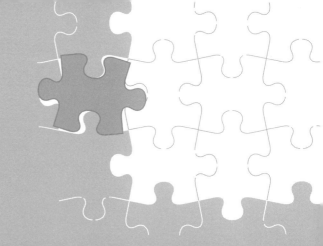

第1回

正答数 23問

解答時間のめやす 20分

解答・解説 ⟶ 別冊 3 ページ

問題 1 つぎの文の（　　　　）に入れるのに最もよいものを 1・2・3・4 から一つえらびなさい。

1 この辞書は、字が大きい（　　　　）点でお年寄りにとても人気がある。

　　1　をいう　　　　　2　という　　　　　3　とする　　　　　4　ことにする

2 Ｐ社の電子レンジ（　　　　）、Ｑ社の電子レンジは壊れやすいらしい。

　　1　において　　　　2　にまで　　　　　3　と比べて　　　　4　として

3 せっかく大きい車を（　　　　）、家族や友だちと一緒にドライブに行きたい。

　　1　買ったのだから　　　　　　　　　　2　買ったために

　　3　買ったおかげで　　　　　　　　　　4　買いたかったから

4 息子は、最初はサッカーチームに入るのを（　　　　）が、今ではとても楽しそうに毎日練習に通っている。

　　1　嫌がる　　　　　　　　　　　　　　2　嫌なのだ

　　3　嫌がっていた　　　　　　　　　　　4　嫌そうだ

5 入学試験の準備のために、今年は冬休み（　　　　）図書館で過ごした。

　　1　を　　　　　　　2　と　　　　　　　3　が　　　　　　　4　へ

6 お風呂のお湯が熱い（　　　　）、水を入れてください。

　　1　そうなら　　　　2　ようなら　　　　3　はずなら　　　　4　らしいなら

7 明日中に（　　　　）企画書があるのに、また新しい仕事を頼まれてしまった。

　　1　出さないといけない　　　　　　　　2　出さないかもしれない

　　3　出すことがある　　　　　　　　　　4　出すようになる

8 最近、目が悪くなった気がする。スマートフォンの字が（　　　　）。

　　1　見られにくい　　2　見せない　　　　3　見えにくい　　　4　見ない

文法　3

9 寝ることは必要なことだが、（　　　　　）。寝る時間が多いと体に悪いとも言われている。

1　寝ないでおくのがいい

2　寝にくいのもよくない

3　寝ないでいいのがいい

4　寝すぎるのもよくない

10 いつもごちそうしてもらっているので、今日は私に（　　　　）ください。

1　払って　　　　2　払わせて　　　　3　払われて　　　　4　払わされて

11 A「昨日のドラマ、おもしろかったね。犬がかわいかったよね。」

B「うん。でも、（　　　　）犬は名前が変わっているね。」

1　あんな　　　　2　そんな　　　　3　あの　　　　4　その

12 夫「今から洗濯しようかな。」

妻「あ、洗濯を（　　　　）、このシャツもお願い。」

1　するんだったら

2　するとすると

3　していたら

4　すれば

13 今日は曇っているから、富士山が（　　　　）ほんの少しだと思いますよ。

1　見えたなら

2　見えたとしても

3　見えるとき

4　見えたら

4　文法

問題 2 つぎの文の___★___に入る最もよいものを、1・2・3・4から一つえらびなさい。

14 私は誰も_____ _____ ★ _____が、トイレへ行っている間にかばんを盗まれてしまった。

1 とらない　　　2 と思って　　　3 置いて行った　　　4 だろう

15 大学の図書館は曜日_____ _____ ★ _____ホームページで確認しておいたほうがいい。

1 が　　　　　2 によって　　　3 閉まる時間　　　4 違うので

16 この映画を見て、生きる_____ _____ ★ _____わかりました。

1 すばらしい　　2 どんなに　　3 ことが　　　4 ことか

17 A「もうそろそろ行こうよ。」
　 B「でも、デパートの開店は10時からだから、_____ _____ ★ _____と思うよ。」

1 行っても　　　2 開いていない　　3 まだ　　　4 早く

18 山田「みんな、今度のパーティーのメニュー、すしでいいかな。」
　 藤井「あ、私は魚が苦手だ_____ _____ ★ _____して。」

1 に　　　　　2 の　　　　　3 ほか　　　　4 から

第1回
第2回
第3回
第4回
第5回
第6回
第7回
第8回
第9回
第10回

文法　5

問題3 つぎの文章を読んで、文章全体の内容を考えて、 19 から 23 の中に入る最もよいものを、1・2・3・4から一つえらびなさい。

下の文章は、留学生が書いた作文です。

初めての北海道

マンディ　ロン

　冬休みに、北海道の友だちのところに遊びに行きました。初めての北海道だったので、びっくりすることがたくさんありました。

　まず、雪です。毎日たくさん降って、朝起きると外は真っ白になっています。友だちのお父さんは、早く起きて雪かきをします。 19 、歩く道もないし、車も出せないのです。朝から大変だなと思いました。それに、雪のせいで自転車やオートバイは使えないことが多いです。私はオートバイに乗るのが好きなので、少し残念だと思いました。

　次に、家の中と外では温度が全然違う 20 です。私は、北海道は寒いと聞いていたので、セーターや上着をたくさん持って行ったのですが、Tシャツなどはほとんど持って行きませんでした。しかし、家の中はストーブのおかげでとても暖かく、みんなTシャツ1枚で過ごしています。私は着るものがなくて、友だちに貸して 21 。

　それから、家の中の様子です。玄関で靴をぬいでから部屋に入るまでに、二つか三つドアがあります。窓も2枚重ねになっていて、おもしろいと思いました。また、たたみはなくて、どの部屋もカーペットです。そして、エアコンがありません。 22 大きなストーブがあります。これらは全部冬のためなのだそうです。

　食べ物もおいしかったです。初めてのものもいろいろ食べてみましたが、特にジンギスカンという羊の肉の焼肉がよかったです。

　北海道は、東京に住んでいる私にとっては 23 のような、本当にびっくりするようなところでした。今度は夏に行ってみたいです。そして、オートバイでいろいろなところへ行ってみたいと思います。

6　文法

（注）雪かき：屋根にある雪をおろしたり、道にある雪を邪魔にならないように片付け
　　　　　たりすること

19
　　1　そうしないと　　　　　　　　2　そうではなくて
　　3　そうすれば　　　　　　　　　4　そういうわけで

20
　　1　わけ　　　　　2　もの　　　　　3　こと　　　　　4　ため

21
　　1　あげました　　　2　くれました　　　3　やりました　　　4　もらいました

22
　　1　そのために　　　　　　　　　2　そのせいで
　　3　そのかわりに　　　　　　　　4　そのとたんに

23
　　1　自分の国　　　　2　同じ国　　　　3　別の国　　　　4　日本の国

第**2**回

正答数	解答時間のめやす
23問	20分

解答・解説 ⟶ 別冊 3-4 ページ

問題1 つぎの文の（　　　）に入れるのに最もよいものを1・2・3・4から一つえらびなさい。

1 あの本屋では、本（　　　）、ノートやペンなども売っている。

　1　によって　　　　2　のことで　　　　3　に比べて　　　　4　のほかに

2 初めて一人暮らしをして、家事をすることがどれだけ（　　　）わかった。

　1　大変か　　　　2　大変だと　　　　3　大変かどうか　　　4　大変なのが

3 父には何度もお酒を（　　　）ように言っているが、全然やめてくれないので心配だ。

　1　やめる　　　　2　やめた　　　　3　やめろ　　　　4　やめ

4 月曜日にはテストがある。週末に勉強（　　　）、やる気が出ない。

　1　するとはかぎらないが　　　　　　2　すればいいのだろうが

　3　するつもりだろうが　　　　　　　4　するにちがいないが

5 早く仕事を覚えて、自分の店が持てる（　　　）頑張ります。

　1　みたいに　　　2　ことに　　　3　ように　　　4　ために

6 彼が生まれたところは、冬は雪で町全体が真っ白になるらしい。私も（　　　）行ってみたい。

　1　いつか　　　　2　いつでも　　　3　いつ　　　　4　いつのまにか

7 フランス語を勉強しているが、まだあまりうまく話せない。何を（　　　）上手になるだろう。

　1　することは　　2　するより　　　3　したのに　　　4　したら

8 最近の学生は、「漢字が難しい」とか「めんどうくさい」（　　　）いう理由で本を読まない。

　1　ことと　　　　2　ことを　　　　3　などと　　　　4　などを

文法　11

9 「中田さんにお世話になったお礼に、何を（　　　）いいでしょうか。」

1　くださったら　　2　なさったら　　　3　さしあげたら　　4　いただいたら

10 A「明日から車で九州へ行くんだ。」

B「え、いいな。運転手（　　　）でいいから、一緒に連れて行ってよ。」

1　にまで　　　　2　とまで　　　　3　にして　　　　4　として

11 （電話で）

A「すみません、日曜日のセミナーのことでちょっと（　　　）んですが。」

B「はい、どんなことでしょうか。」

1　お聞きになりたい　　　　　　　2　ご覧になりたい

3　もうしたい　　　　　　　　　　4　うかがいたい

12 A「子どものころは、よく寝ないでゲームをしたなあ。」

B「私は、夜8時からはゲームを（　　　）と言われていたから、できなかったん
　だよね。」

1　するんだ　　　2　するね　　　　3　するよ　　　　4　するな

13 「寒い（　　　）。今の気温はマイナス5度だってさ。」

1　ことだ　　　　2　わけだ　　　　3　ことがない　　　4　わけがない

問題2 つぎの文の___★___に入る最もよいものを、1・2・3・4から一つえらびなさい。

14 誰にも見られない ＿＿＿＿ ＿＿＿＿ ＿★＿ ＿＿＿＿ の手紙を弟に読まれてしまった。

1 隠しておいた 　　　　　　　　2 ように
3 彼女 　　　　　　　　　　　　4 から

15 ＿＿＿＿ ＿＿＿＿ ＿★＿ ＿＿＿＿ を刺身にして食べた。

1 ばかりの 　　2 魚 　　　　3 さっき 　　　　4 とった

16 子どもが ＿＿＿＿ ＿＿＿＿ ＿★＿ ＿＿＿＿ と思っている。

1 やりたい 　　　　　　　　　2 やらせて
3 したいと思うこと 　　　　　4 は

17 先生「次の校外学習は、和菓子の店に見学に行くというのはどうですか。」
　　学生「私はお店で ＿＿＿＿ ＿＿＿＿ ＿★＿ ＿＿＿＿ と思います。ほかのみなさんはどうですか。」

1 みたい 　　　2 見る 　　　3 だけじゃなく　4 作って

18 隣の家の伊藤君とは幼稚園のころから一緒にいるから、＿＿＿＿ ＿＿＿＿ ＿★＿ ＿＿＿＿ 存在だ。

1 というより 　　　　　　　　2 みたいな
3 家族 　　　　　　　　　　　4 友だち

文法　13

問題3 つぎの文章を読んで、文章全体の内容を考えて、 19 から 23 の中に入る最もよいものを、1・2・3・4から一つえらびなさい。

下の文章は、留学生が書いた作文です。

不思議なこと

金　文

　私は日本に来て、もうすぐ2か月です。外国に住むのは初めてなので、毎日おもしろいことやびっくりすることがたくさんあります。今日は、私が不思議だと思うことを二つ紹介します。

　まず、同じ人がルールを守ったり守らなかったりすることです。たとえば交通ルールです。歩いているときなら、みんなよくルールを守ります。信号が赤なら、車が 19 ときも渡らないで待っています。しかし、自転車に乗っているときはあまり守りません。赤でも渡る人がいるし、傘をさしたり、スマホを見たりしながら乗っている人も多いです。同じ人なのに、歩いているときと自転車に乗っているときとでは 20 のようで、とても不思議です。

　次に、コンビニの前にいつでも人がいることです。私のアパートの近くにもコンビニがあって、毎日通るのですが、いつでも 21 います。何か食べている人、タバコを吸っている人、スマホを見ている人。いろいろなことをしています。先週、友だちとパーティーをして、帰るのが夜中になってしまったことがあったのですが、 22 も若い人が数人でビールを飲みながら話していました。どうして家に帰らないのでしょうか。どうしてコンビニの前がいいのでしょうか。とても不思議です。

　このようなこと 23 、日本人の友だちに聞いてみたいです。理由があるなら、知りたいと思います。

14　文法

19

1　来ている　　　2　来ていた　　　3　来ていない　　　4　来ていなかった

20

1　違う人　　　2　同じ人　　　3　悪い人　　　4　変な人

21

1　だれにも　　　2　だれでも　　　3　だれか　　　4　だれだか

22

1　こんなとき　　　2　そのとき　　　3　あのとき　　　4　どんなとき

23

1　に際して　　　2　によると　　　3　にとって　　　4　について

第3回

正答数 ☐/23問

解答時間のめやす 20分

解答・解説 ⟶ 別冊 4ページ

問題 1 つぎの文の（　　　　）に入れるのに最もよいものを 1・2・3・4 から一つえらびなさい。

1 あの人は自転車を 2 台持っている。行く場所（　　　）替えているらしい。
1　について　　　　2　において　　　　3　によって　　　　4　にとって

2 A「丸山さん、来ないね。」
B「（　　　　）して。」
1　忘れてから　　　2　忘れて　　　　　3　忘れたから　　　4　忘れてたり

3 子どものころから両親に毎日ピアノを練習（　　　　）、今ではピアノが嫌いになってしまった。
1　させて　　　　　2　させられて　　　3　できて　　　　　4　して

4 昨日は 10 時間も（　　　　）、テスト中に眠くなってしまって困った。
1　寝たのに　　　　2　寝たので　　　　3　寝るように　　　4　寝るために

5 母が帰る（　　　　）、掃除を終わらせよう。
1　まで　　　　　　2　までに　　　　　3　間　　　　　　　4　間に

6 部屋のドアを開けた（　　　　）、犬が走って入ってきた。
1　場合　　　　　　2　のに　　　　　　3　とたん　　　　　4　ほど

7 夜は危ないから、暗く（　　　　）帰って来なさい。
1　なってから　　　　　　　　　　　　2　なったところ
3　なるくらい　　　　　　　　　　　　4　ならないうちに

8 サルは人間に近い動物だが、人間（　　　　）文字を持たない。
1　に比べて　　　　2　と違って　　　　3　より　　　　　　4　に対して

文法　19

9 中川さんはいつも「家族ほど大切な（　　　）」と言っている。

1　ものだ　　　　　2　ことだ　　　　　3　ものはない　　　4　ことじゃない

10 母「早く宿題をしなさい。」

子「もう、同じことを何度も（　　　）。わかっているから。」

1　言わせない　　　2　言え　　　　　3　言わないで　　　4　言おう

11 A「パーティーの飲み物、どうしようか。」

B「上田さん、お酒が（　　　）。ジュースも用意しよう。」

1　飲めなきゃって　　　　　　　　　2　飲めないんだって

3　飲んじゃうって　　　　　　　　　4　飲まないんだって

12 A「まだ、会議やってる？」

B「さっき見たら、もう（　　　）よ。」

1　終わる　　　　　2　終わった　　　　3　終わろう　　　　4　終わってた

13 歌手「私は今日のコンサート（　　　）最後に、歌手をやめることにしました。」

1　で　　　　　　　2　が　　　　　　　3　を　　　　　　　4　は

問題2 つぎの文の___★___に入る最もよいものを、1・2・3・4から一つえらびなさい。

14 （デパートで）

「こちらのネックレス、_____ _____ ___★___ _____ が。」

1 いただきたいんです 　　　　2 ケースから

3 出して 　　　　　　　　　　4 見せて

15 料理をする _____ _____ ___★___ _____ おいしく作れる。

1 それほど得意ではない 　　　2 のが

3 カレーだけは 　　　　　　　4 私でも

16 A「こことここ、先生が大事だって _____ _____ ___★___ _____ と思うよ。」

B「わかった。教えてくれてありがとう。」

1 だから 　　　　　　　　　　2 復習しといたほうがいい

3 言ってた 　　　　　　　　　4 ところ

17 リン「トムさん、この『ただ』という言葉はどういう意味ですか。」

トム「ああ、確か『無料』、『0円』_____ _____ ___★___ _____ んですけど。」

1 ような 　　　　　　　　　　2 と思う

3 という 　　　　　　　　　　4 意味だった

18 姉 「この割引券あげるよ。1枚 _____ _____ ___★___ _____ になるから、友だち誘って行ってみたら？」

妹 「えっ、いいの？ ありがとう。明日友だちに聞いてみる。」

1 3割引き 　　2 まで 　　　　3 で 　　　　　4 4人

文法 21

問題3 つぎの文章を読んで、文章全体の内容を考えて、 19 から 23 の中に入る最もよいものを、1・2・3・4から一つえらびなさい。

下の文章は、留学生が書いた作文です。

プレゼント

ユーリャ　ツルスカヤ

　去年の夏休み、京都のレストランでアルバイトをしました。持っていく料理を間違えたり、水をこぼしてしまったりと、いろいろな失敗もしましたが、友だちもたくさんできたし、とてもいい経験になったと思います。

　そのアルバイトの最後の日のことです。仕事が終わり、みんなにあいさつをして帰ろうとすると、店長が急に「お疲れさま」と、一枚の大きなカードを 19 。真四角の厚い紙で、周りは金色の紙で囲まれています。これは「色紙」といって、みんなでメッセージを書いたり、有名な人にサインをもらったりするときに使う 20 。その色紙にはメッセージや絵が、紙いっぱいに書かれていました。店長 21 お世話になったアルバイト先のみんなからのメッセージもありました。思いがけないプレゼントにとてもびっくりして、涙が出るほどうれしかったです。

　 22 、一つだけ残念だったのは、色紙が大きすぎて私のかばんに入らなかったことです。しかたがないので手に持って、電車の中で何度も読みながら帰りました。

　この色紙は今でも部屋に飾ってありますが、 23 楽しかったアルバイトのことを思い出します。

22　文法

19

1　さしあげました　　　　　　2　くださいました

3　いただきました　　　　　　4　ちょうだいしました

20

1　ことになったそうです　　　2　ものなんだそうです

3　とは限（かぎ）りません　　　　　4　わけではありません

21

1　にかかわりなく　　　　　　2　だけではなく

3　として　　　　　　　　　　4　をもとにして

22

1　それに　　　　2　でも　　　　3　ですから　　　　4　たとえば

23

1　見たとおりに　　　　　　　2　見るかわりに

3　見るために　　　　　　　　4　見るたびに

第**4**回

正答数　23問

解答時間のめやす　20分

解答・解説 ⟶ 別冊 4-5 ページ

問題1 つぎの文の（　　　）に入れるのに最もよいものを1・2・3・4から一つえらびなさい。

1 この部屋は変わった形（　　　）している。

   1　が　　　　　　　2　を　　　　　　　3　と　　　　　　　4　で

2 電車が遅れた（　　　）、人が線路に入ったからだそうだ。

   1　ので　　　　　　2　のに　　　　　　3　のは　　　　　　4　のが

3 現代の私たち（　　　）、インターネットはなくてはならないものだ。

   1　によると　　　　2　にしては　　　　3　によって　　　　4　にとって

4 母が毎日バランスのいい食事を作ってくれた（　　　）、この冬は一度もかぜをひかなかったのだと思う。

   1　おかげで　　　　2　というと　　　　3　せいで　　　　　4　のに

5 毎日暑い日が続くよね。早く涼しく（　　　）ね。

   1　してほしい　　　2　したい　　　　　3　なってほしい　　4　なりたい

6 レポートは明日の5時までに提出してください。絶対に遅れない（　　　）。

   1　はず　　　　　　2　べき　　　　　　3　こと　　　　　　4　とか

7 体の調子が悪いなら、無理してこの会議に出席（　　　）。

   1　しなければならない　　　　　　　　2　したらいい
   3　するわけだ　　　　　　　　　　　　4　することはない

8 このパソコン、音が（　　　）から修理に持っていこう。

   1　出ない　　　　　2　出さない　　　　3　出られない　　　4　出させない

9 中野さんの結婚式は、花がたくさんあって、自然が好きな彼女（　　　）ものだった。

   1　ような　　　　　2　らしい　　　　　3　そうな　　　　　4　ばかりの

文法　27

10 山川「林君、そんなところで休んでいないで、早く勉強したらどう？」

西田「山川さんはまるで林君のお母さん（　　　）。」

1　ほどだね　　　　2　みたいだね　　　3　どおりだね　　　4　ぐらいだね

11 A「家具を買いたいんですが、いい店を知りませんか。」

B「そうですねえ。KJLマートに行って（　　　）。」

1　みてもいいですか　　　　　　　2　みてもらいませんか

3　みたらどうですか　　　　　　　4　みたとしたらどうですか

12 A「これから飲みに行かない？」

B「ごめん。今日は子どもの誕生日だから、早く（　　　）。」

1　帰らなきゃ　　　2　帰って　　　　　3　帰っちゃった　　4　帰っといて

13 （電話で）

A「さくら会社の井上と申しますが、山本課長はいらっしゃいますか。」

B「すみません。今、外出しているんですが……。」

A「わかりました。それでは、またあとでお電話（　　　）。」

1　くださいます　　2　なさいます　　　3　いたします　　　4　まいります

問題2 つぎの文の___★___に入る最もよいものを、1・2・3・4から一つえらびなさい。

14 （レストランで）

客　「すみません。予約してないんですけど。4人、大丈夫ですか。」

店員「お席をご用意しますので、そちらの ___　___　_★_　___
　　　ください。」

1　おかけ　　　　2　になって　　　　3　お待ち　　　　4　いすに

15 この話はどこかで ___　___　_★_　___ 。

1　話のような　　2　聞いた　　　　3　気がする　　　4　誰かに

16 A「いい天気なんだから、___　___　_★_　___ 起きて。」

　　B「わかったよ。でもあと5分だけ寝かせて。」

1　いないで　　　2　ばかり　　　　3　寝て　　　　　4　早く

17 こんな高いものは家族と ___　___　_★_　___ 、買えない。

1　から　　　　　　　　　　　　　2　なければ

3　相談して　　　　　　　　　　　4　で

18 父は大学入学のときに祖父にもらった時計を ___　___　_★_　___
　　いる。

1　今でも　　　　　　　　　　　　2　使えなくなった

3　大切に持って　　　　　　　　　4　壊れて

文法　29

問題3 つぎの文章を読んで、文章全体の内容を考えて、 19 から 23 の中に入る最もよいものを、1・2・3・4から一つえらびなさい。

下の文章は、留学生が「好きなスポーツ」についてスピーチをするために書いた作文です。

剣道と心

カサノヴァ　カウヴァカ

　日本には、すもうや柔道、空手など、いろいろなスポーツがありますが、皆さんは何かやってみたことがありますか。私は今、剣道を習っています。

　剣道というのは、竹で作った刀を使って相手の頭や手、お腹を打つスポーツです。皆さんの中には、ちょっと怖いとか、痛そうだなどと思う方もいらっしゃる 19 。確かに、試合のときはどきどきします。ですが、きれいに打てたときはとても気分がいい 20 。

　剣道を始めたのは日本のアニメがきっかけで、アニメに出てくるサムライのようになりたいと思って始めました。そのころは「相手に勝ちたい」という気持ちでいっぱいで、速く強く打てるように毎日練習をしました。ところが、練習を続けて 21 、どんなにがんばっても、力だけではだめだと感じ始めました。心が落ち着いていなければ、ちゃんと打てません。 22 、勝つことだけが大切なわけではないということもわかりました。

　日本語には「勝負は時の運」という言葉がありますが、これは強い者が必ず勝つとは限らないという意味です。 23 スポーツでも、体と心のバランスが大切なのではないでしょうか。これからも、剣道を通じて心と体を強くし続けていきたいと思っています。

19

1 かもしれません　　　　　　　　2 わけがありません

3 に決まっています　　　　　　　4 ところです

20

1 ことです　　　2 だけです　　　3 ものです　　　4 からです

21

1 いくうちに　　　　　　　　　　2 いくにしても

3 いってからでないと　　　　　　4 いくだけでなく

22

1 ところが　　　2 ところで　　　3 それに　　　4 それなら

23

1 そんな　　　2 こんな　　　3 あんな　　　4 どんな

第5回

正答数 / 23問

解答時間のめやす 20分

解答・解説 ⟶ 別冊 5 ページ

問題1 つぎの文の（　　　　）に入れるのに最もよいものを1・2・3・4から一つえらびなさい。

1 私が毎年外国に行くのは、専門分野の研究をする（　　　　）、決して遊びに行くのではない。

1 ためなら　　　　2 ためで　　　　3 のなら　　　　4 ので

2 将来について父に相談（　　　　）、自分のしたいことをすればいいと言われた。

1 すれば　　　　　　　　　　2 することによって

3 したところ　　　　　　　　4 した場合

3 健康を考えてお酒を（　　　　）、1年が過ぎた。

1 飲まないときに　　　　　　2 飲まなくなったあとで

3 飲まなくなってから　　　　4 飲まない間

4 祖母の家はいつでも（　　　　）ように、あちこちに紙とペンが置いてある。

1 メモする　　　　　　　　　2 メモできる

3 メモできておく　　　　　　4 メモしておく

5 道に迷って困っていると、親切な人が駅（　　　　）行き方を教えてくれた。

1 での　　　　　2 には　　　　　3 への　　　　　4 のを

6 新しい車が欲しいが、あれは高すぎて買おうにも（　　　　）。

1 買えない　　　　2 買わない　　　　3 買いたい　　　　4 買ってしまう

7 父は最近耳が（　　　　）困ると言って、病院に行っている。

1 聞けなくて　　　　　　　　2 聞かなくて

3 聞こえにくくて　　　　　　4 聞きにくくて

8 仕事が忙しいが、毎日1時間（　　　　）外国語の勉強をしている。

1 しか　　　　2 ぐらいは　　　　3 だけしか　　　　4 さえ

文法 **35**

9 私が書いたレポートは（　　　）ので、直さなければならなかった。

1　間違いだらけだった　　　　　　　　2　間違ったはずだった

3　間違いっぱなしだった　　　　　　　4　間違い続けた

10 A「すみません、使っていなかったらそのいすを（　　　）。」

B「ええ、どうぞ。」

1　借りてほしいんですが　　　　　　　2　貸してほしいんですが

3　貸してくれてもいいですか　　　　　4　借りてもらってもいいですか

11 A「近くにできたそば屋、すごく安くておいしかったよ。」

B「へえ、（　　　）店、どこにできたの？　私も行ってみようかな。」

1　こういう　　　　2　ああいう　　　　3　こんな　　　　4　そんな

12 A「何か手伝おうか。」

B「じゃあ、これ、あっちに持ってってって。（　　　）、何か飲み物、買って来て。」

1　それと　　　　2　それでは　　　　3　その上　　　　4　それとも

13（水族館で）

「めずらしい色（　　　）した魚ですね。初めて見ました。」

1　に　　　　　　2　が　　　　　　　3　の　　　　　　4　を

問題2 つぎの文の＿＿★＿＿に入る最もよいものを、1・2・3・4から一つえらびなさい。

14 弟が留学に向けて ＿＿＿＿ ＿＿＿＿ ＿★＿ ＿＿＿＿ と思っています。
1 応援して
2 頑張ろうとして
3 やろうか
4 いるので

15 子「お母さん、この棚の食器、もう全部捨てたら。」

母「そうね。でも、＿＿＿＿ ＿＿＿＿ ＿★＿ ＿＿＿＿ 使うと思うと、捨てられ

ないのよ。」
1 使っていない　　2 いつかまた　　3 今はどれも　　4 けど

16 せっかくチケットが買えたのに、＿＿＿＿ ＿＿＿＿ ＿★＿ ＿＿＿＿ 、コンサー
トに行けなくなってしまった。
1 しまった　　　2 彼が　　　　3 せいで　　　　4 なくして

17 最近早起きの習慣ができて、＿＿＿＿ ＿＿＿＿ ＿★＿ ＿＿＿＿ 増えた。
1 残業する
2 早朝出勤する
3 ことが
4 代わりに

18 海外旅行中に、京都の ＿＿＿＿ ＿＿＿＿ ＿★＿ ＿＿＿＿ 会ってびっくりした。
1 いっしょに
2 友人に
3 野球をしていた
4 小学校で

文法　37

問題3 次の文章を読んで、文章全体の内容を考えて、 19 から 23 の中に入る

最もよいものを、1・2・3・4から一つえらびなさい。

下の文章は、中学生が書いた「子どもの時の思い出」のエッセイです。

大切な友だち

野上　さやか

　桜を見ると、思い出すことがあります。小学校1年生の春のことです。

　その日は、妹が通う幼稚園の親子ハイキングでした。幼稚園の子どもたちの家族なら誰でも参加できるイベントで、毎年この時期に行われていました。私はもう小学生だし、幼稚園のハイキング 19 行きたくないと思いました。それに、ちょうどそのころ、友だちとけんかをして落ち込んでいたので、誰とも話したくないとも思っていました。それなのに、「きっと楽しいから」と母に、無理やり 20 のです。

　行ってみると、まわりは幼稚園の小さな子どもばかりです。私は「やっぱりつまらないじゃない。 21 よかった」と思いました。そして、「早く帰りたい」と思いながら、公園のベンチで本を読んでいました。

　 22 、一人の女の子が私に声をかけてきたのです。ユリちゃんという1年生の女の子で、私と同じように家族といっしょにハイキングに来ていました。最初はびっくりしましたが、泣きそうな気持ちになっていた私は少しうれしくなりました。学校の話や習い事の話や好きなアニメの話。 23 、通う小学校も違うのに、楽しくて楽しくて気がつけば2時間もおしゃべりをしていました。

　その出会いから8年、ユリちゃんは今でも大切な友だちです。もしハイキングに行っていなかったら、出会うことはなかったかもしれません。私にハイキングをすすめてくれた母に感謝しています。

38　文法

19

1 なんか 　　　 2 ぬきで 　　　 3 どおり 　　　 4 むきで

20

1 連れて行った 　　　　　　　 2 連れて行かれた

3 連れて行かされた 　　　　　 4 連れて行ってもらった

21

1 来ないと 　　　　　　　　　 2 来なければ

3 来たら 　　　　　　　　　　 4 来て

22

1 すると 　　 2 そして 　　 3 それから 　　 4 なぜなら

23

1 会った結果 　　　　　　　 2 会っている場合に

3 会っているところで 　　　 4 会ったばかりで

文法 39

第6回

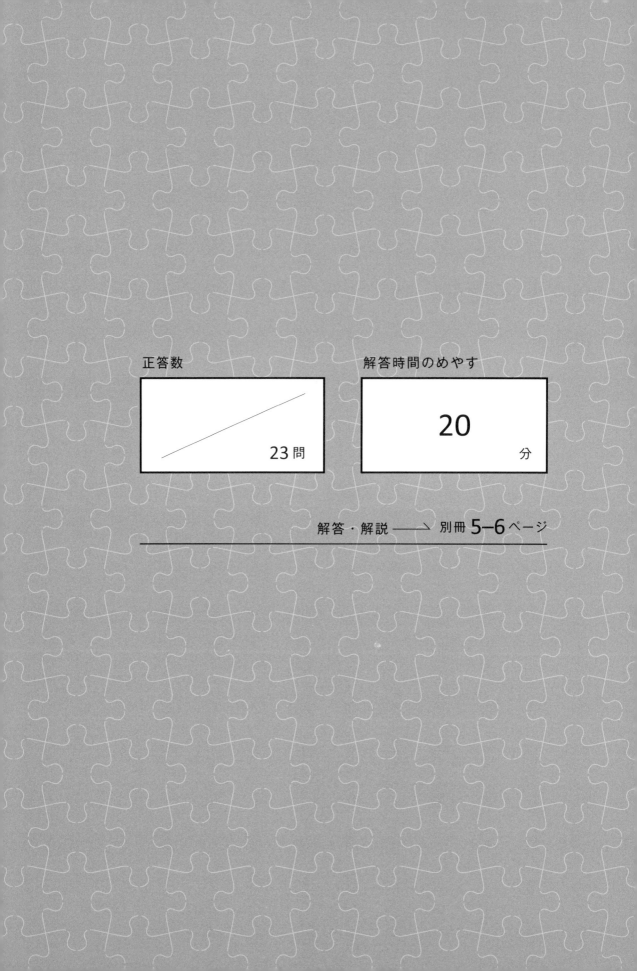

問題1 つぎの文の（　　　　）に入れるのに最もよいものを1・2・3・4から一つえらびなさい。

1 息子は海外旅行に行ったことがない。お金がたまったら（　　　）なあ。
　1　行きたがっている　　　　　　　　2　行かせてやりたい
　3　行かせてもらえる　　　　　　　　4　行ってみたい

2 彼はお腹がいっぱいだと言っている（　　　）、よく食べる。
　1　わりに　　　　　2　だけでなく　　　3　せいで　　　　4　ばかりか

3 次の全体会議はこのホテル（　　　）行われる予定です。
　1　に比べて　　　　2　において　　　　3　にわたって　　　4　に反して

4 歌は下手なんですが、声の大きさ（　　　）自信があります。
　1　ばかりでなく　　2　といっても　　　3　とすると　　　　4　にかけては

5 この製品の海外（　　　）使い方は、説明書に書いてあります。
　1　まで　　　　　　2　に　　　　　　　3　での　　　　　　4　への

6 私はお酒が（　　　）飲めないから、パーティーではいつもジュースかお茶しか飲みません。
　1　めったに　　　　2　まったく　　　　3　決して　　　　　4　なかなか

7 みんなが使っているものが（　　　）すばらしいというわけではない。
　1　もしかすると　　2　必ずしも　　　　3　まるで　　　　　4　少しも

8 このかばんは傷（　　　）だから、そろそろ新しいのを買おうかな。
　1　むき　　　　　　2　気味　　　　　　3　だらけ　　　　　4　ばかり

9 弟の手料理が大好きだから、国へ帰ったら作って（　　　）。
　1　あげたい　　　　2　もらいたい　　　3　いただきたい　　4　差し上げたい

文法　43

10 A「あれ、この箱、開かないなあ。」

B「ちょっと貸して。ほら、（　　　　）簡単に開くよ。」

1　ああするなら　　2　こうしたら　　　3　どうすれば　　　4　そうすると

11 A「明日は休みだよね。映画でも見に行かない？」

B「あれ？　明日は授業が（　　　　）。」

1　あるんだもん　　　　　　　　　2　あるんじゃなかったっけ

3　ないんだもん　　　　　　　　　4　ないんじゃなかったっけ

12 A「これ、今日中に全部片付けて帰らなきゃ。」

B「君が一人で（　　　　）。みんなでやろう。」

1　することはないよ　　　　　　　2　するということじゃないよ

3　するほどじゃないよ　　　　　　4　しなければならないよ

13 「ああ、おいしい。寒いときは温かいスープ（　　　　）ね。」

1　のおかげ　　　　2　のはずだ　　　3　にすぎる　　　　4　にかぎる

問題2 つぎの文の＿＿★＿＿に入る最もよいものを、1・2・3・4から一つえらびなさい。

14 A 「それは何ですか。」

B 「ああ、これ。めがねにつけるんだよ。＿＿＿　＿＿＿　＿★＿　＿＿＿　と
思って。」

1 忘れて

2 首にかけておこう

3 しまわないように

4 どこかに

15 トニーさんが ＿＿＿　＿＿＿　＿★＿　＿＿＿　見て、先生が声をかけた。

1 顔を　　　　2 何か　　　　3 しているのを　　4 言いたそうな

16 私の国では、観光地などで知らない人に ＿＿＿　＿＿＿　＿★＿　＿＿＿　考え
られない。

1 ために

2 自分のカメラを渡す

3 写真を撮ってもらう

4 ことは

17 A 「少し休憩して、続きは午後からにしますか。」

B 「午後は ＿＿＿　＿＿＿　＿★＿　＿＿＿　ことにしましょう。」

1 今のうちに

2 雨が降る

3 やってしまう

4 かもしれないので

18 ＿＿＿　＿＿＿　＿★＿　＿＿＿　延期になったそうだ。

1 あと1週間で

2 マンションの建設が

3 始まる

4 予定だった

文法　45

問題3 つぎの文章を読んで、文章全体の内容を考えて、 19 から 23 の中に入る最もよいものを、1・2・3・4から一つえらびなさい。

下の文章は、留学生が書いた作文です。

観光の仕方

イザベラ　ジョーンズ

　今、私は京都に住んでいます。神社やお寺が好きだし、伝統文化に興味があるので、「日本に 19 京都」と決めていたのです。京都に住み始めてしばらくは、ガイドブックやインターネットの情報を見ながら様々な観光地に行きました。料理がおいしくて有名なお店に行ったり、若者に人気があるというおみやげを買ったりもしました。はじめはそれで十分に楽しかったのですが、時間がたつにつれて、だんだんつまらなくなってきました。これでは、本当の京都を知ることができないのではないかと思ったからです。

　 20 、私は二つの方法を試してみることにしました。一つ目は、ガイドブックやインターネットで情報を調べずに町を歩いてみることです。最初はちゃんとうちに帰れるか心配でした。でも、目的地を決めずに歩いてみると、 21 風景が見えるようになりました。ガイドブックに載っていないような古くて小さい店や、そこで生活する人々の姿。観光地ではない本物の京都に出会えるような気がしました。

　2つ目は、できるだけそこに住んでいる地元の人と話をしてみることです。その土地のことは、 22 土地の人に聞くのが一番です。うどん屋でたまたま隣に座った地元の人に話しかけてみると、その人は私が今まで知らなかった京都の歴史や習慣、地元の人しか行かないおすすめのお店などを 23 。

　これからも、自分の目と耳でたくさんの発見をしていきたいと思います。

19

1 住む際　　　　2 住むと　　　　3 住んでも　　　　4 住むなら

20

1 そこで　　　　2 すると　　　　3 ただ　　　　4 ところが

21

1 今と同じ　　　　　　　　2 今までと同じ
3 今と違った　　　　　　　4 今までと違った

22

1 この　　　　2 その　　　　3 あの　　　　4 どの

23

1 教られました　　　　　　2 教えさせました
3 教えてくれました　　　　4 教えてほしかったです

第**7**回

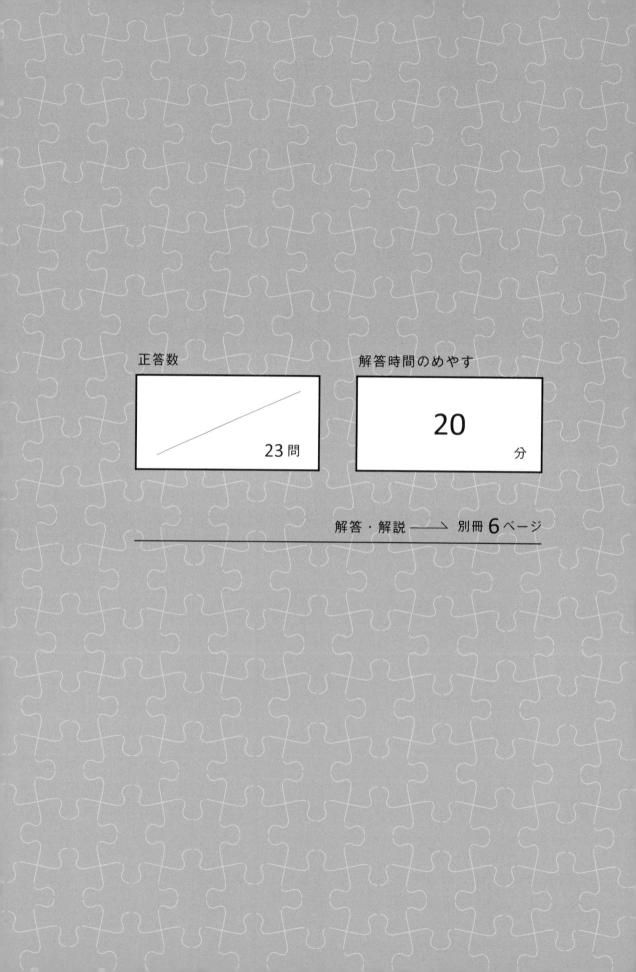

問題 1 つぎの文の（　　　　）に入れるのに最もよいものを 1・2・3・4 から一つえらびなさい。

1 先生に借りた本を返さなければならなかったが、忙しいので友だちに（　　　　）。

　　1　持って行ってもらった　　　　　2　持って行ってさしあげた

　　3　持って行ってやった　　　　　　4　持って行ってくださった

2 この村の人（　　　　）、車は絶対に必要だ。

　　1　につれて　　　　　　　　　　　2　によって

　　3　について　　　　　　　　　　　4　にとって

3 この写真を見ると、子どものころのことが（　　　　）。

　　1　思い出します　　　　　　　　　2　思い出させます

　　3　思い出されます　　　　　　　　4　思い出しています

4 彼の家は森の近くにあって、朝になると鳥の声がよく（　　　　）くるそうだ。

　　1　聞けて　　　　2　聞こえて　　　　3　聞かせて　　　　4　聞いて

5 休みの日に自分の好きな映画を見るとき（　　　　）、楽しいときはない。

　　1　こそ　　　　　2　さえ　　　　　3　ほど　　　　　4　まで

6 もしいつものバスに乗っていたら、事故に（　　　　）。

　　1　あうものです　　　　　　　　　2　あったところです

　　3　あうところでした　　　　　　　4　あったものでした

7 （喫茶店で）

　　「こんなに大きなケーキ、一人で（　　　　）。田中さんもどう？」

　　1　食べきれるかなあ　　　　　　　2　食べてごらん

　　3　食べられちゃう　　　　　　　　4　食べられないことはないよ

文法　51

8 このマッサージ機は、お金を（　　　　）使えないようになっています。

1　入れてはじめて
2　入れる間に
3　入れないうちに
4　入れてからでないと

9 この魚は、生はもちろん（　　　　）。

1　焼いても食べられない
2　焼くにきまっている
3　焼いたら食べられる
4　焼けるわけではない

10 先生「明日は絶対に遅れない（　　　　）。」

学生「はい、わかりました。」

1　ように
2　はずだ
3　べきだ
4　くせに

11 客　「すみません。かさ売り場は何階ですか。」

店員「かさ売り場ですか。2階（　　　　）。」

1　ございます
2　がございます
3　でございます
4　はございます

12 （靴屋で）

「うーん、どっちも欲しいけど、1つだけ（　　　　）こっちかなあ。」

1　買うとしたら
2　買えば
3　買ったら
4　買うと

13 「なるほど。佐藤さんはインドネシアで5年間働いていたから、インドネシア語が話せる（　　　　）ですね。」

1　ため
2　わけ
3　もの
4　こと

52　文法

問題2 つぎの文の＿★＿に入る最もよいものを、1・2・3・4から一つえらびなさい。

14 旅行かばんのポケットの中から、買った ＿＿＿ ＿＿＿ ＿★＿ ＿＿＿ お土産が出てきた。

1　友だちへの　　　2　まま　　　　3　忘れていた　　　4　あげるのを

15 A「毎日寒いですね。」

B「そうですね。雪が ＿＿＿ ＿＿＿ ＿★＿ ＿＿＿ 寒いですね。」

1　おかしくない　　2　いつ　　　　3　くらい　　　　　4　降っても

16 この町は星が ＿＿＿ ＿＿＿ ＿★＿ ＿＿＿ 山からの景色も美しいです。

1　ことで　　　　　　　　　　　2　星だけではなく

3　きれいな　　　　　　　　　　4　有名ですが

17 私は料理を作るのが好きだ。食べてくれる人の ＿＿＿ ＿＿＿ ＿★＿ ＿＿＿ のも楽しい。

1　考える　　　　　　　　　　　2　ことを

3　どんな料理を作るか　　　　　4　思いながら

18 竹田さんの話を聞いている ＿＿＿ ＿＿＿ ＿★＿ ＿＿＿ 、静かに話し始めた。

1　彼が　　　　　2　黙っていた　　　3　ずっと　　　　4　間

問題3 つぎの文章を読んで、文章全体の内容を考えて、 19 から 23 の中に入る最もよいものを、1・2・3・4から一つえらびなさい。

下の文章は、留学生が書いた作文です。

アルバイト

馬　龍

　今年の9月で、日本に来て1年になりました。日本の生活にも慣れてきたので、4月から中華料理屋でアルバイトを始めました。少しでも自分で稼いだお金で 19 、日本語の練習にもなるからです。

　このアルバイトを始めて、いろいろ学んだことがあります。一つは、働いてお金をもらうことがどんなに大変であるかということです。本当は、自分の生活費は全部アルバイトで何とかしたいけど、大学の勉強も大変なので、両親に頼っています。本当に感謝しています。

　次に、食べ物を無駄に 20 ということです。私の国では、お客さんといっしょに食事をするときは、満足してもらうために、食べきれない 21 の料理を注文します。それが当たり前だと思っていました。でも今は、残った料理を捨てるとき、いつも悲しくなります。この料理がテーブルに載るまでに、たくさんの人がいろいろな苦労をしていることを 22 です。私は今では、ご飯を一粒も残さないで食べるようになりました。

　大学の勉強との両立は大変ですが、大学では学べないことをこのアルバイトで 23 と思います。

54　文法

19

1　生活したかったせいで　　　　　2　生活したかったし

3　生活できたし　　　　　　　　　4　生活したことで

20

1　してはいけない　　　　　　　　2　しなくてもいい

3　しなければならない　　　　　　4　するはずだ

21

1　だけ　　　　　　2　ほど　　　　　3　さえ　　　　　4　とおり

22

1　知りたいの　　　2　知ったから　　3　知ること　　　4　知るはず

23

1　教えたい　　　　　　　　　　　2　教えてほしい

3　教えてくれた　　　　　　　　　4　教えてもらった

第**8**回

正答数 /23問

解答時間のめやす 20分

解答・解説 → 別冊 6-7ページ

問題1 つぎの文の（　　　）に入れるのに最もよいものを1・2・3・4から一つえらびなさい。

1 何度考えても、どこにしまったか思い出せない。ノートか何かに（　　　）。

1　書いておくはずだ　　　　　　　2　書いておけばよかった

3　書いておくようだ　　　　　　　4　書いておいたらしい

2 疲れたときは、無理をせずにゆっくり家で休む（　　　）。

1　ことか　　　　2　に限る　　　　3　わけだ　　　　4　ものか

3 小さいころは虫が好きだったが、大きくなるとだんだん（　　　）。

1　触らない一方だ　　　　　　　　2　触らなくちゃ

3　触れないとみえる　　　　　　　4　触れなくなった

4 兄は子どものころから人を（　　　）ことが好きで、クラスの人気者だった。

1　笑う　　　　2　笑われる　　　　3　笑わせる　　　　4　笑わされる

5 警察の発表によると、コンビニ強盗の犯人は黒（　　　）服を着ていたとのことだ。

1　みたいな　　　　2　っぽい　　　　3　らしい　　　　4　気味の

6 私は健康のために、できるだけ歩く（　　　）。

1　せいです　　　　　　　　　　　2　はずです

3　ようにしています　　　　　　　4　ようになっています

7 週末、妻の誕生日プレゼントにマフラーを（　　　）と思っている。

1　買う　　　　2　買っている　　　　3　買った　　　　4　買おう

8 彼と何度も会う（　　　）、彼のことが好きになっていった。

1　たびに　　　　2　ときに　　　　3　だけに　　　　4　わりに

文法　59

9 台所からいいにおい（　　　）する。今日の晩ご飯はカレーだ。

1 を　　　　　　　2 に　　　　　　　3 が　　　　　　　4 で

10 春原「秋田さん、こちら山本先生です。」
　　秋田「はじめまして。（　　　）うれしいです。」

1 お目にかかれて　　　　　　　　2 ご覧になれて
3 お見えになれて　　　　　　　　4 拝見できて

11 父「こら！　危ないから、ここには絶対（　　　）って言っただろう？」
　　子「パパ、ごめんなさい。」

1 入るな　　　　　2 入るぞ　　　　　3 入るね　　　　　4 入るんだ

12 客　「あのう、このワンピース、他の色はありますか。」
　　店員「白とブルー（　　　）。」

1 でございます　　　　　　　　　2 がございます
3 にございます　　　　　　　　　4 のございます

13 A「今日、学校の後で、よかったらコーヒー（　　　）飲みに行きませんか。」
　　B「いいですね。では3時ごろ、ここで待っています。」

1 なら　　　　　　2 さえ　　　　　3 やら　　　　　4 でも

問題2 つぎの文の＿★＿に入る最もよいものを、1・2・3・4から一つえらびなさい。

14 私が ＿＿＿ ＿＿＿ ＿★＿ ＿＿＿ 京都の清水寺がある。

1 もっとも   2 行ってみたい

3 一つに   4 寺の

15 （電話で）

A「今度の旅行のことだけど、今、いいかな。」

B「ごめん。ちょうど今出かける ＿＿＿ ＿＿＿ ＿★＿ ＿＿＿ 帰ってから
　でもいい？」

1 ゆっくり   2 ところで

3 話す   4 時間がないから

16 彼は後輩が ＿＿＿ ＿＿＿ ＿★＿ ＿＿＿ のを見ると、いつも声をかけてく
れる優しい先輩だ。

1 ような   2 顔をしている

3 困っている   4 何か

17 この果物は、夏になって暑い日が続く ＿＿＿ ＿＿＿ ＿★＿ ＿＿＿ と言わ
れている。

1 この   2 おいしい

3 もっとも   4 時期が

18 多くの人に、毎月 ＿＿＿ ＿＿＿ ＿★＿ ＿＿＿ ほしい。

1 ボランティア活動に   2 参加して

3 この町の環境を守る   4 行われている

問題3 つぎの文章を読んで、文章全体の内容を考えて、 19 から 23 の中に入る最もよいものを、1・2・3・4から一つえらびなさい。

下の文章は、留学生が書いた作文です。

地震

アルベルト　ペレス

　昨日の夜、一人でテレビを見ているとき、急に机がカタカタ揺れました。地震です。私の国では、ほとんど地震が起きません。人生で初めての経験でした。すぐにニュースで揺れの大きさが「震度2」で、津波の心配はないということを知りました。私の部屋でも、何も壊れた物はありませんでした。

　それでも少し怖くて、日本人の友だちに電話をしました。「え、地震あったの？ 寝ていて気付かなかったよ」という彼のことばには、本当に 19 。

　日本は地震大国です。地震は毎日の 20 どこかで起きています。震度2ぐらいの地震は珍しくありません。だから、日本人は子どものころから地震が起きたときどうすればいいか、どうしたら被害を小さくできるかを学ぶ 21 です。それを聞いて、私はびっくりしました。そういえば、電話で話した友だちが「食器棚の上に置いてある箱、危ないよ。重い物は高い所に 22 よ」と言っていたのを思い出しました。

　私も明日、早速非常袋を準備したいと思っています。そして、非常袋に何を 23 、これからよく調べようと思います。

62　文法

19

1 驚かれました
2 驚かされました
3 驚かせました
4 驚けました

20

1 ために
2 かわりに
3 とおり
4 ように

21

1 こと
2 そう
3 おかげ
4 ばかり

22

1 置くべきだ
2 置かなくてもいい
3 置かないほうがいい
4 置かなければならない

23

1 入れたらいいか
2 入れそうか
3 入れるつもりか
4 入れようとするか

第9回

正答数　　　　　　　解答時間のめやす

23問　　　　　　　　20 分

解答・解説 ──→ 別冊 7 ページ

問題 1 つぎの文の（　　　）に入れるのに最もよいものを 1・2・3・4 から一つえらびなさい。

1 今年の冬は、いつもの年（　　　）2 週間も早く初雪が降った。

1　に関して　　　2　において　　　3　に比べて　　　4　にかわって

2 子どもが（　　　）うちに家事を終わらせよう。

1　寝る　　　2　寝た　　　3　寝ている　　　4　寝ていた

3 道が混んでいるなあ。（　　　）約束の時間に間に合わないかもしれない。

1　絶対に　　　2　まるで　　　3　必ず　　　4　もしかしたら

4 フランス語ができると言っても、あいさつ（　　　）できない。

1　ぐらいまで　　2　こそは　　　3　だけしか　　　4　ほど

5 インターネットで見た（　　　）作っているのに、私の料理はいつもあまりおいしくない。

1　とおり　　　2　とたん　　　3　わりに　　　4　上に

6 木島くん、ピアノを習い始めて 1 か月（　　　）上手だね。

1　にすれば　　　2　にして　　　3　にすると　　　4　にしては

7 私の住むこの街をぜひ案内して（　　　）ので、近所にお越しの際はご連絡ください。

1　いただきたい　　　　　　　　2　さしあげたい
3　もらいたい　　　　　　　　　4　やりたい

8 最近、息子はクラブが忙しいようで、（　　　）家にいない。

1　必ず　　　2　そろそろ　　　3　ようやく　　　4　めったに

文法　67

9 まだまだ仕事はあるが、今晩は8時（　　　）帰りたい。

1 まで　　　　　　2 までは　　　　　　3 までも　　　　　　4 までには

10 （電器店で）

客　「これは、どうやってスイッチを入れるんですか。」

店員「このランプが青色に（　　　）ボタンを押し続けてください。それでスイッチが入ります。」

1 なるまで　　　2 したくて　　　3 なっていって　　4 するより

11 中村「小林君、新しいコーチはもうこちらに（　　　）？」

小林「いいえ、まだ駅にいらっしゃると電話がありました。」

1 お見えになった　　　　　　　　　2 ご覧になった
3 拝見した　　　　　　　　　　　　4 お目にかかった

12 A 「先輩、今回は本当にすみませんでした。」

B 「君があやまる（　　　）よ。責任は僕にあるんだから。」

1 ことはない　　　2 わけがない　　　3 ことだ　　　　4 わけだ

13 安い物がなんでも質が悪い（　　　）。

1 ばかりだ　　　　2 とは限らない　　　3 べきではない　　4 つもりだ

問題2 つぎの文の＿＿★＿＿に入る最もよいものを、1・2・3・4から一つえらびなさい。

14 『ライフ』という本を読んで、この本 ＿＿＿＿ ＿＿＿＿ ＿★＿ ＿＿＿＿ 本はないと思った。

1 考えさせられる 　　　　　　　　　2 人生

3 ほど 　　　　　　　　　　　　　　4 について

15 ここ数年で、＿＿＿＿ ＿＿＿＿ ＿★＿ ＿＿＿＿ 旅行者が増えてきた。

1 ほとんど 　　　　　　　　　　　　2 行きたがる

3 知られていない 　　　　　　　　　4 めずらしい所へ

16 初めて ＿＿＿＿ ＿＿＿＿ ＿★＿ ＿＿＿＿ で負けてしまった。

1 優勝できそう　　2 のところ　　　3 だったのに　　　4 あと少し

17 この作家は、いろいろな国で ＿＿＿＿ ＿＿＿＿ ＿★＿ ＿＿＿＿ 有名になった。

1 経験したことを 　　　　　　　　　2 書いた

3 もとに 　　　　　　　　　　　　　4 小説で

18 山下「原田さん、この映画、見ましたか。」
原田「いいえ、＿＿＿＿ ＿＿＿＿ ＿★＿ ＿＿＿＿ ありません。」

1 読んだことは 　　　　　　　　　　2 本で

3 見たことは 　　　　　　　　　　　4 あるんですが

文法　69

問題3 つぎの文章を読んで、文章全体の内容を考えて、 19 から 23 の中に入る最もよいものを、1・2・3・4から一つえらびなさい。

下の文章は、留学生が書いた作文です。

福袋

アリス　ヤン

　今年、私は初めて日本でお正月を過ごしました。初詣に行った帰りに友だちと町を歩いていたら、大勢の人が並んでいました。何かなと思ったら、「福袋」でした。日本では、年始にデパートなどで「福袋」と書いてある袋がたくさん売られています。この袋を 19 、開店する前から並んでいる人もいると聞いて、びっくりしました。安い物もありますが、とても高い物もあります。袋の中を見られる場合もあるそうですが、見られないことが普通だと聞きました。袋の中身がわからないのに、どうして人気があるのでしょうか。日本人の友だちに聞いてみると、福袋の中には福袋の値段よりも高い物が入っているから人気がある 20 。でも、安くても欲しくないものだったら、あまりうれしくないと私は思います。友だちは「もちろん、 21 場合もあるよ。でも一年に一回のことだから。それに、何が入っているかわからなくて、 22 ドキドキするのも楽しい」と言いました。また、「大黒天」という神様が大きい袋を持っていて、それを「福袋」と言うのだそうです。その袋には、お金やお米などではなく、幸運や幸せが入っているというのです。だから、一年の初めに幸せを手に入れるという意味もあるのかもしれません。私も来年は 23 と思っています。

19

1 買えれば 　　　　 2 買うために 　　　 3 買うように 　　　 4 買っていて

20

1 とのことでした 　　　　　　　　 2 と言われていました
3 くらいでした 　　　　　　　　　 4 ことにしました

21

1 あの 　　　　　　 2 どの 　　　　　 3 こういう 　　　　 4 そういう

22

1 開けてから 　　　 2 開けるまで 　　　 3 開けるなら 　　　 4 開けたところ

23

1 買わない 　　　　　　　　　　　 2 買ってもしかたがない
3 買ってみよう 　　　　　　　　　 4 買うはずだ

第10回

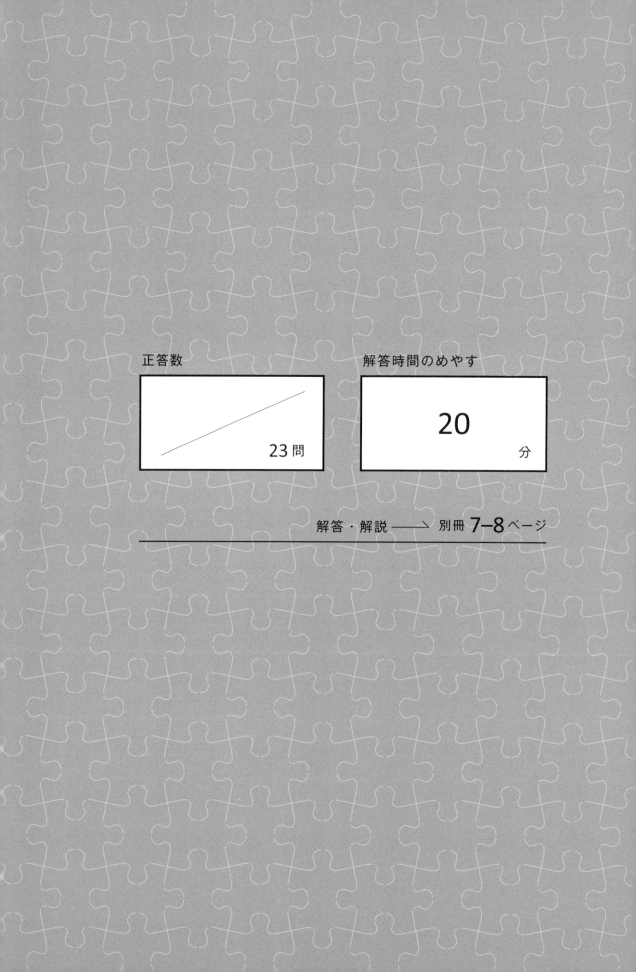

問題 1 つぎの文の（　　　）に入れるのに最もよいものを 1・2・3・4 から一つえらびなさい。

1 欲しい時計があるが、私の給料では（　　　）そうもない。

　　1　買える　　　　　2　買う　　　　　3　買え　　　　　4　買い

2 大好きなチョコレートをあきる（　　　）食べてみたい。

　　1　ほど　　　　　2　みたいに　　　　3　かわりに　　　4　くせに

3 今度、広島に（　　　）ことになりました。

　　1　転勤　　　　　2　転勤して　　　　3　転勤した　　　4　転勤する

4 冬の果物（　　　）、やっぱりみかんだよね。

　　1　と言ったら　　2　と言っても　　3　としたら　　　4　として

5 彼は風邪をひいて寝ているから、今日は学校に（　　　）。

　　1　来ないはずがない　　　　　　　2　来るはずだ

　　3　来るはずじゃない　　　　　　　4　来ないはずだ

6 （　　　）家族に反対されても、ぼくは彼女と結婚するつもりだ。

　　1　必ず　　　　　　　　　　　　　2　もしかしたら

　　3　たとえ　　　　　　　　　　　　4　きっと

7 友だちが引っ越しするとは聞いていたけれど、その日は仕事があって手伝って

　　（　　　）。

　　1　よかった　　　　　　　　　　　2　くれた

　　3　ほしかった　　　　　　　　　　4　あげられなかった

8 Ａ「試験、だめだった……。」

　　Ｂ「ええ！　きのう、（　　　）勉強していたのに。」

　　1　こんなに　　　2　そんなに　　　3　あんなに　　　4　どんなに

文法　75

9 この店のお客さん、女性（　　　）だね。

1　しか　　　　　2　ばかり　　　　　3　さえ　　　　　4　ぐらい

10 先輩、ちょっと今度の試合の（　　　）相談したいんですが。

1　ことで　　　　2　ほかで　　　　　3　場合に　　　　4　ほうに

11 人生（　　　）一番大切なことは感謝の気持ちを忘れないことだ。

1　について　　　2　によって　　　　3　において　　　4　に対して

12 試験時間は（　　　）3分です。名前を書いたかどうか確認してください。

1　もっと　　　　2　あと　　　　　　3　それに　　　　4　その上

13 （レストランで）

客　「予約した今野です。あのう、1人増えたんですが、大丈夫ですか。」

店員「けっこうですよ。すぐにお席をご用意（　　　）。」

1　なさいます　　　　　　　　　　2　されます

3　くださいます　　　　　　　　　4　いたします

問題2 つぎの文の___★___に入る最もよいものを、1・2・3・4から一つえらびなさい。

14 友だちから ___ ___ _★_ ___ すっかり忘れていた。

1 約束の日だった 　　　　　　2 ということを

3 今日が 　　　　　　　　　　4 電話が来るまで

15 母「明日、お客さんが ___ ___ _★_ ___ の。早くそこ、片付けて。」
子「はあい。」

1 来るのに 　　　　　　　　　2 何やっている

3 片付けないで 　　　　　　　4 ちっとも

16 A大学とB社 ___ ___ _★_ ___ が注目されている。

1 によって 　　　　　　　　　2 お年寄りの生活を助ける

3 ロボット 　　　　　　　　　4 開発された

17 このボランティアグループは、___ ___ _★_ ___ ストレスをためている子どもたちの力になりたいと思って作りました。

1 友人が 　　2 原因で 　　3 少ないことが 　　4 何でも話せる

18 息子に自分のことは ___ ___ _★_ ___ しっかりしてきた。

1 したら 　　　　　　　　　　2 自分で

3 ように 　　　　　　　　　　4 させる

問題3 つぎの文章を読んで、文章全体の内容を考えて、 19 から 23 の中に入る最もよいものを、1・2・3・4から一つえらびなさい。

下の文章は、留学生が書いた作文です。

公園の猫

チン　シーティン

　私は日本に来て、よく公園へ行くようになりました。きっかけは日本に来て初めて住んだアパートの近くに小さな公園があって、そこで猫を見かけたことです。私は猫が大好きで、自分の国でも飼っています。ふるさとの町にも公園がありましたが、めったに 19 。自分の部屋で過ごすほうが好きでした。うちでは飼っている猫といつも一緒で、一人っ子の私は 20 かわいがっていました。

　日本に来て1週間が過ぎたころ、買い物の帰りに公園の前で一匹の猫を見かけました。私はその猫が気になってついて行ってみました。その猫はいつも公園にいるのか、人にも慣れていて、近づいても逃げませんでした。話しかけるとなんだか話を 21 ようでした。それから、猫に会いにときどき公園へ行くようになりました。公園で本を読んだりお弁当を食べたりして 22 、猫が好きな近所に住んでいるお年寄りとあいさつをするようになったのです。そして、だんだん話もできるようになりました。 23 、そのお年寄りを通して、犬の散歩をしている人や近所の親子とも親しくなり、それで公園に行くのが楽しみになりました。

　今では天気のいい日やちょっと時間があるときなど、よく公園に行っています。公園は私の大切な場所になりました。

78　文法

19

1 行きました
2 行きたかったです
3 行きませんでした
4 行かなかったはずです

20

1 妹らしく
2 妹どおり
3 妹のように
4 妹がちに

21

1 聞いてくれている
2 聞いてあげている
3 聞かせてくれている
4 聞かせてあげている

22

1 過ごしているついでに
2 過ごしてから
3 過ごしているところに
4 過ごしているうちに

23

1 そのため　　2 さらに　　3 つまり　　4 したがって

執筆者紹介

上田暢美（うえだ のぶみ）
大学・日本語学校非常勤講師

内田嘉美（うちだ よしみ）
日本語学校非常勤講師

桑島卓男（くわじま たくお）
元日本語講師／北海道厚沢部町公営塾 講師

糠野永未子（ぬかの えみこ）
大学・日本語学校非常勤講師

吉田歌織（よしだ かおり）
大学・日本語学校非常勤講師

若林佐恵里（わかばやし さえり）
日本語教師／日本語教師養成講座講師／ライター

安達万里江（あだち まりえ）
日本国際学園大学 経営情報学部助教（日本語教育）

とりあえず日本語能力試験対策　N3　文法

2024 年 11 月 1 日　初版第 1 刷発行

著者 .... 上田暢美・内田嘉美・桑島卓男・糠野永未子・吉田歌織・若林佐恵里・安達万里江
発行者 .... 吉峰晃一朗・田中哲哉
発行所 .... 株式会社ココ出版
　　　　　　　　　　〒162-0828 東京都新宿区袋町 25-30-107
　　　　　　　　　　電話 03-3269-5438　ファクス 03-3269-5438
装丁・組版設計 ...... 工藤亜矢子（okappa design）
編集協力 .... 平井美里
印刷・製本 .... 株式会社シナノパブリッシングプレス

ISBN 978-4-86676-048-3
©N. Ueda, Y. Uchida, T. Kuwajima, E. Nukano, K. Yoshida, S. Wakabayashi, & M. Adachi, 2023
Printed in Japan

文法／解答・解説

N3

凡例

N：名詞

V：動詞

　　Ｖて：て形

　　Ｖた：た形

　　Ｖない：ない形

第1回

問題1

1 2

2 3

3 1 「せっかく V のだから」＝がんばって V のだから。ここでは、がんばって大きい車を買ったのだから、おおぜいでドライブに行きたい。

4 3

5 1

6 2 「～ようなら」＝～場合は。相手にアドバイスしたり、助けたりするときに使う。

7 1 「～といけない」＝～ければならない。

8 3

9 4

10 2

11 3

12 1 「するんだったら」＝するなら。

13 2 「～としても」＝もし～でも。

問題2

14 2 1→4→2→3

15 1 2→3→1→4

16 1 3→2→1→4「どんなに～ことか」＝とても～だと強く思う。

17 3 4→1→3→2

18 2 4→3→2→1「N の」＝N のもの。ここでは、魚ではない他の食べもの。

問題3

19 1 「そう」＝ここでは、雪かきを指す。「そうしないと」＝「雪かきをしない場合」という意味。

20 3

21 4

22 3 「その」＝ここでは、エアコンを指す。「そのかわりに」＝「エアコンはないけれど、大きいストーブがある」という意味。

23 3

第2回

問題1

1 4 「N のほかに」＝N 以外に。

2 1

3 1 「(V る／ない) ように言う」＝V てくださいと言う。頼む。ここでは辞書形。

4 2

5 3

6 1

7 4

8 3

9 3

10 4 「～として」＝～の立場で。ここでは、友だちではなくて運転手の立場で。

11 4 「うかがいたい」＝聞きたい。「うかがう」は「聞く」の謙譲語。

12 4

13 2 「～わけだ」＝理由を知って、なるほどと思ったときに使う。

問題2

14 3 2→1→3→4

15 1 3→4→1→2「V たばかり」＝V てすぐ。

16 2 3→4→2→1

17 4 2→3→4→1

18 3 4→1→3→2「A というより B」＝A という言い方よりも B と言った方が正しい。

文法／解答・解説　3

問題3

19 3

20 1 歩いているときはルールを守るが、自転車に乗っているときはルールを守らないから、「違う人」のようだということ。

21 3

22 2

23 4

第3回

問題1

1 3

2 4

3 2

4 1

5 2

6 3 「Vたとたん」＝Vた時とほとんど同じときに使う。予想しなかったことが起きる。

7 4

8 2

9 3 「Nほど〜ものはない」＝Nが一番〜だ。ここでは「家族が一番大切だ」という意味。

10 3

11 2 「〜だって」＝〜だそうだ。誰かから聞いた話を人に話すときに使う。話し言葉。

12 4

13 3

問題2

14 4 2→3→4→1

15 4 2→1→4→3

16 1 3→4→1→2

17 4 3→1→4→2 「確か」は、はっきり覚えていないとき使う。「〜というような意味」で、〜が正しい意味かどうかはっきりしないことを表す。

18 2 3→4→2→1 「3割引」＝30% off。

問題3

19 2 「誰が」「誰に」したことかに注意する。ここでは「店長が」「私に」なので「くださいました（くれるの尊敬語）」になる。

20 2

21 2

22 2

23 4 「Vるたびに」＝Vるときはいつも。

第4回

問題1

1 2

2 3

3 4

4 1 「〜おかげで」＝〜が原因でいい結果になった。

5 3

6 3 「〜こと。」＝〜（し）なさい。ここでは「遅れないようにしなさい」という意味。

7 4 「〜ことはない」＝〜する必要はない。

8 1

9 2 「Nらしい」＝Nの性格やイメージによく合っている。

10 2 「まるでNみたい」＝本当はNではないが、Nのように感じる。

11 3

12 1 「〜なきゃ」＝〜なければならない。話し言葉。

4　文法／解答・解説

| 13 | 3 |

問題2

14	2	4→1→2→3　「おかけになる」＝いすに座るの尊敬語。いすにかける。
15	1	4→2→1→3
16	1	3→2→1→4　「Ｖてばかりいる」＝いつもＶている。何度もＶている。よくないことをくりかえしているときに使う。
17	4	3→1→4→2
18	1	4→2→1→3

問題3

19	1
20	3
21	1	「～うちに」＝～している間に。だんだん変化するときに使う。
22	3
23	4

第5回

問題1

1	2
2	3	「Ｖたところ」＝Ｖたら。後ろの文は、びっくりしたことや新しくわかったこと。
3	3
4	2
5	3
6	1
7	3
8	2
9	1	「Ｎだらけ」＝Ｎ（よくないもの）が多い。
10	2

11	4	「こんな」「そんな」「あんな」の中で、話している人が知らない情報には「そんな」を使う。
12	1
13	4

問題2

14	1	2→4→1→3
15	4	3→1→4→2
16	1	2→4→1→3　「～せいで」＝～が原因で。よくない結果になったときに使う。
17	2	1→4→2→3
18	3	4→1→3→2

問題3

19	1
20	2	行きたくない気持ちと「無理やり」に注目。
21	2	「来なければよかった」＝来たことはまちがいだった。
22	1
23	4

第6回

問題1

1	2
2	1	「～わりに」＝～のに（予想と違う）。
3	2
4	4	「Ｎにかけては」＝Ｎについては。後ろの文は、上手だ、自信がある、など。
5	3
6	2
7	2	「必ずしも～ない」＝100％そうだと言えない。そうではない場合もある。

文法／解答・解説　5

| 8 | 3 |

| 9 | 2 |

| 10 | 2 |

| 11 | 2 | 「〜っけ」＝自分がはっきり覚えていないことを、他の人に確認するときに使う。話し言葉。

| 12 | 1 |

| 13 | 4 | 「〜に限る」＝〜が一番いい。

問題2

| 14 | 3 | 4→1→3→2 「Vないように」＝Vないために。

| 15 | 1 | 2→4→1→3

| 16 | 2 | 3→1→2→4

| 17 | 1 | 2→4→1→3

| 18 | 4 | 1→3→4→2

問題3

| 19 | 4 |

| 20 | 1 |

| 21 | 4 |

| 22 | 2 |

| 23 | 3 | 主語に注意。この文では「その人」が誰にしたかを考える。

第7回

問題1

| 1 | 1 |

| 2 | 4 |

| 3 | 3 | 「思い出されます」＝自然に思い出す。

| 4 | 2 |

| 5 | 3 |

| 6 | 3 | 「〜ところだった」＝もう少しで悪い結果になっていた（が、ならなかった）。

| 7 | 1 | 「Vきる」＝全部Vする。ここでは、

可能形。

| 8 | 4 |

| 9 | 1 | 「AはもちろんBも」＝Aは当然だがBも。

| 10 | 1 |

| 11 | 3 |

| 12 | 1 |

| 13 | 2 |

問題2

| 14 | 3 | 2→4→3→1 「〜まま」＝その状態が変わらない。ここでは、友だちにあげるためにお土産を買ったが、まだあげていない。

| 15 | 1 | 2→4→1→3

| 16 | 4 | 3→1→4→2

| 17 | 3 | 2→4→3→1

| 18 | 2 | 4→3→2→1

問題3

| 19 | 2 |

| 20 | 1 | 後ろの文に注意。「それが〜」「でも〜」の文から書いた人の気持ちがどう変わったか考える。

| 21 | 2 | 「〜ほど」＝〜くらい／ぐらい。

| 22 | 2 |

| 23 | 4 |

第8回

問題1

| 1 | 2 |

| 2 | 2 |

| 3 | 4 |

| 4 | 3 |

| 5 | 2 | 「〜っぽい」＝〜のように感じる。ここでは「Nっぽい」。

6　文法／解答・解説

6 3

7 4

8 1

9 3

10 1 「お目にかかる」＝「会う」の尊敬語。ここでは、可能形で「会えて」。

11 1

12 2

13 4 「Nでも」＝（いろいろなものがあるが、例えば）Nを。

問題2

14 4 1→2→4→3 「もっとも」＝一番。

15 3 2→1→3→4 「ちょうど〜（する）ところ」＝今から〜する状況。

16 1 4→3→1→2

17 3 1→4→3→2

18 1 4→3→1→2 「Vてほしい」で相手にしてもらいたいことを表す。

問題3

19 2

20 4

21 2

22 3

23 1

第9回

問題1

1 3

2 3

3 4

4 3

5 1

6 4 「〜にしては」＝予想とは違って。ここでは、1か月料理を習ったレベルよりもっと上手だということ。

7 2

8 4 「めったに〜ない」＝ほとんど〜ない。

9 4

10 1

11 1 「お見えになる」＝「来る」の尊敬語。

12 1

13 2 「〜とは限らない」＝必ず〜とは言えない。

問題2

14 4 3→2→4→1

15 4 1→3→4→2

16 4 1→3→4→2 「Nのところで」＝Nのタイミングで。

17 2 1→3→2→4 「〜をもとにして」＝〜を基本にして。

18 4 2→1→4→3

問題3

19 2

20 1 「〜とのこと」＝〜と言っていた。

21 4

22 2

23 3

第10回

問題1

1 3 「Vそうもない」＝たぶん〜ないと思う。ここでは、可能形で「たぶん買えないと思う」という意味。

2 1

3 4

4 1 「Nと言ったら」＝〜と聞いて思い

出すのは。

5 4 「～はずだ」＝（理由があるから）
当然～だと思う。ここでは、理由に
注目する。

6 3

7 4

8 3

9 2 「～ばかり」＝～だけ。～のほかに
はない。

10 1

11 3

12 2 「あと」＝残りの時間。

13 4

問題2

14 1 4→3→1→2

15 3 1→4→3→2 「ちっとも～ない」
＝ぜんぜん～ない。話し言葉。

16 2 1→4→2→3

17 3 4→1→3→2

18 3 2→4→3→1

問題3

19 3 すぐ前の「めったに」に注目。「め
ったに～ない」

20 3

21 1

22 4

23 2 「さらに」＝前に言ったことと似た
ことを加えるときに使う。

8 文法／解答・解説